Karlhans Frank

RiesenReimeReiserei
Schleckerschneck ist auch dabei

Mit Bildern von Wilfried Blecher

Annette Betz Verlag

Das Große ist groß nicht

Krach!!! Da liegt auf meiner Wiese
doch ein richtig großer Riese.

In so urwaldwilden, wirren
Haaren kann man sich verirren.
Nase ragt aus dem Gesicht,
fast sieht man die Spitze nicht.
Ja, in solchen Nasengängen
muß kein Elefant sich zwängen;
selbst der dickste fände noch
Platz im Tropfsteinhöhlenloch.
Hilfe! Diese Zehenspitzen
können Regenwolken ritzen.

Auf klappt er den Mund zum Gähnen.
Zwischen seinen steilen Zähnen
steckt ein angekauter Ast
wie ein Telegrafenmast.

Jetzt — was jetzt? — ich bin entsetzt!
Jetzt hat er sich aufgesetzt.
Sucht er mich? Er blickt sich um.
Na, zum Glück sind Riesen dumm.
Au! Er fängt laut an zu greinen,
und sein Weinen preßt aus Steinen
Brühe, macht sie weich,
macht aus ihnen Kuchenteig.
Wie er heult! Rings um ihn her
schwillt und braust ein Tränenmeer.

Jetzt verstehe ich sein Lallen:
»Ich bin aus dem Bett gefallen,
bin von meinem Stern gefallen,
bin von fern, fern hergefallen.
Mutter! Hörtest du es knallen?«

Plötzlich wird am Himmel oben
kurz die Sonne weggeschoben,
und vorbei am Sonnenrand
sinkt die Mutterriesenhand,
nähert weich sich meiner Wiese.
Zart umfangen wird der Riese;
eine Stimme tönt hernieder:
»Bübchen. Ach, ich hab' dich wieder.
Du mein Püppchen, du mein Kerlchen,
du mein süßes Zuckerperlchen,
Augensternchen, Schnuckilein.
Mußt nun nicht mehr traurig sein.
Mami hat dich doch gefunden...«

Riesenbaby ist verschwunden.

Wer weit reist, kann viel erleben

In ein Land sternweit weg
ritt ich auf dem Schleckerschneck,
reiste wirklich angenehm,
komfortabel und bequem
über Berge, Bäche, Brücken,
denn das Haus auf Schneckers Rücken
hat drei Zimmer, Bad mit Klo,
Küche hat es sowieso.

Unterwegs sieben Wochen
kaute ich am letzten Knochen,
als im späten Abendlicht
Landesgrenze kam in Sicht,
ganz aus Schweizer Käsestücken.
(Der Geruch macht Magendrücken!)
Grenzbeamtin Muskelmaus
fragte aus dem Käse raus:

»'aben Sie Reisepaß
oder einen Reisespaß?
'aben Sie ein Reiseziel?
Mögen Sie gern Eis am Stiel?
Sind geimpft Sie gegen Schollen?
'aben Sie was zu verzollen?
'aben Sie rund fünfzig Schwestern?
Bleiben Sie auch nur bis gestern?«

Antwort hieß: »Gern! Vielleicht.«
Maus sprach freundlich: »Ja, das reicht«,
drückte Stempel auf mein Knie,
stempelte mein Schneckervieh,
sagte schließlich: »Über'aupt
sind 'ier 'undert nur erlaubt!«
»Hundert was?« fragte verwundert
ich die Maus. Sie schrie: »Von 'undert!«

Seltsam fand ich das Land.
Überall am Wegesrand
purzelten aus Blütentüten
Drachen mit Zylinderhüten,
und in Limonadepfützen
hockten mit karierten Mützen
Frösche, die Canasta spielten,
Nachbarn in die Karten schielten.

Schleckerschneck trug geschwind
mich durch Wald, wo ein Wind
sanft durch einen He-Ring blies,
Seifenblasen schweben ließ;
auf den Seifenblasen lagen
Hasenherrn mit weißen Kragen,
hielten Bücher sich vor Nasen,
schwebten, schauten ernst und lasen.

Kamen wir an ein Schloß.
»Ihr wollt wohl zum höchsten Boß?«
fragte süß uns vor der Pforte
eine Riesensahnetorte,
die dort dick als Wache stand.
Schleckerschneck fraß kurzerhand
mit Geschmatze und Geschnauf
diese Wächtertorte auf.

Schritten wir durchs Portal
in den Saal, in dem ein Wal
wie ein Springbrunn Kirschsaft sprühte.
Über ihm ein Lämpchen glühte.
Hinten in der linken Ecke
lag auf einer Flickendecke
eine zarte Zwergenfrau,
Haare blau; sie trank Kakao.

Flüsterte: »Lauscht, ich bin
hier im Land die Königin.
Ich regiere Tag und Nacht.
Habt ihr mir was mitgebracht?«
»Majestät, ich habe nur
eine weichgekochte Uhr,
die, wenn sie nicht stille steht,
in Pantoffeln rückwärts geht.«

»Die spart Zeit! Schenkt sie mir!
Ach, es ist schon zwölf vor vier.
Oh, da müßt ihr leider gehn.
Dankeschön. Aufwiedersehn.«
Ein Kamel schob uns hinaus.
Klüger eilten wir nach Haus,
wo wir Euch die Nachricht geben:
Wer weit reist, kann viel erleben.

Wesen von Hammerbö

Drachen leben auf Hammerbö
wie Überseeschiffe, so breit;
für zehntausend Menschen ein Zirkuszelt
ist ein einziges Drachenmaidkleid.

Die Herren der Drachen von Hammerbö
sind Wesen riesenhausgroß;
sie nehmen die Drachen von Hammerbö
zum Schmusen auf den Schoß.

Stark ist so ein Riese von Hammerbö.
Er könnte ganz ohne Stöhnen,
wenn er nur wollte (doch will er nicht),
New York auf den Rücken nehmen.

Es hebt so ein Riese von Hammerbö
niemals eine Stadt von der Erden!
Das kommt, weil die Wesen von Hammerbö
so klug sind, wie Menschen erst werden.

Du denkst nun, die Riesen von Hammerbö
sind groß, stark und klug vom Vielfressen?
Sie essen nie viel und sie fressen nichts kahl!
Solches Denken sollst Du vergessen.

Es leben die Wesen von Hammerbö
(die Riesen wie ihre Drachen)
vom Lieben, vom Lesen, von Fantasie,
von Küssen, Erzählen und Lachen.

Die Deutsche Bibliothek – CIP-Einheitsaufnahme

Riesen-Reime-Reiserei : Schleckerschneck ist auch dabei /
Karlhans Frank. Mit Bildern von Wilfried Blecher. –
München ; Wien : Betz, 1991
ISBN 3-219-10516-5

B 604/1
Alle Rechte vorbehalten
Umschlag, Illustrationen und Layout von Wilfried Blecher
Herausgegeben von Monika Thaler
Copyright © 1991 by Annette Betz Verlag im Verlag Carl Ueberreuter
Printed in Germany